Isabelle Darras – Yuio

BAYARD ET LES QUATRE FRÈRES

La France Fantastique

Ernst Klett Verlag
Stuttgart Leipzig

1. Auflage 1 5 4 3 2 1 | 2019 18 17 16 15

Alle Drucke dieser Auflage sind unverändert und können im Unterricht nebeneinander verwendet werden.
Die letzte Zahl bezeichnet das Jahr des Druckes.

Autorin: Isabelle Darras
Zeichner: Yuio

Redaktion: Frédéric Auvrai

Gestaltung: Birgit Gaab
Umschlaggestaltung: Birgit Gaab
Karte: Christian Dekelver, Weinstadt
Druck: AZ Druck und Datentechnik GmbH, Kempten/Allgäu

Printed in Germany
ISBN 978-3-12-623816-8

9 783126 238168

ALBI, DANS LES ANNÉES 790. L'HISTOIRE COMMENCE DANS UN CHÂTEAU LOIN, TRÈS LOIN D'AIX-LA-CHAPELLE, LA VILLE DU ROI CHARLEMAGNE. À 1133 KILOMÈTRES.
DANS SON CHÂTEAU, AYMON, DUC DE DORDOGNE, HABITE AVEC SES QUATRE FILS...
ALLARD
RENAUD
GUICHARD
RICHARDET
ET SA FILLE BRADAMANTE
AYMON A PEUT-ÊTRE UN CHÂTEAU, MAIS IL N'EST PAS RICHE.
POUR SES FILS, DES JEUNES HOMMES, VIVRE LÀ-BAS N'EST PAS UN CADEAU.
ENCORE DE LA SOUPE !?
J'AI ENVIE DE VOYAGER MAIS C'EST UN PEU DIFFICILE...
SANS ÉPÉE, DIFFICILE AUSSI D'ALLER À LA GUERRE !
MES PAUVRES FRÈRES !
QUI EST CETTE FEMME ?

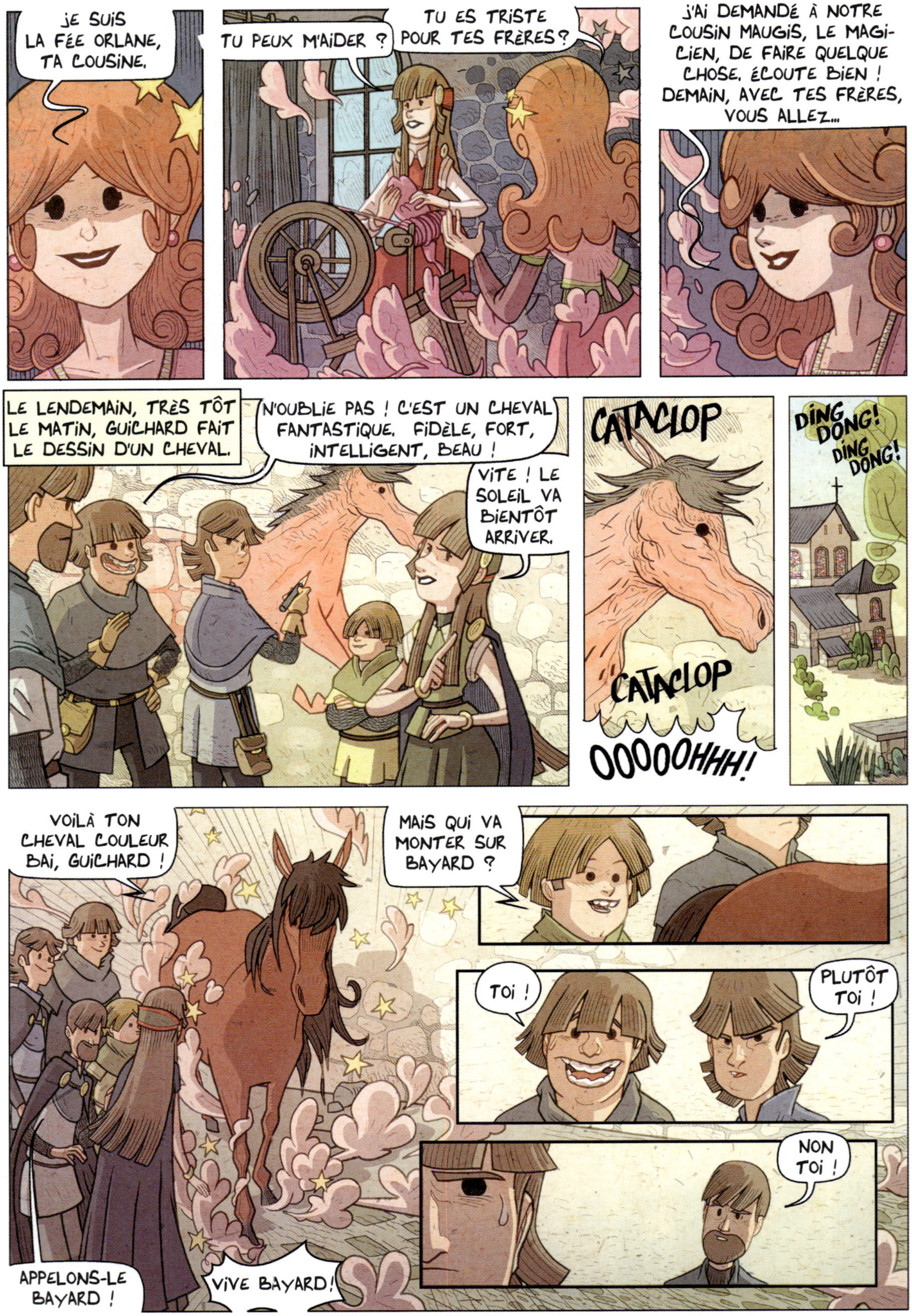
JE SUIS LA FÉE ORLANE, TA COUSINE.
TU PEUX M'AIDER ?
TU ES TRISTE POUR TES FRÈRES ?
J'AI DEMANDÉ À NOTRE COUSIN MAUGIS, LE MAGICIEN, DE FAIRE QUELQUE CHOSE. ÉCOUTE BIEN ! DEMAIN, AVEC TES FRÈRES, VOUS ALLEZ...
LE LENDEMAIN, TRÈS TÔT LE MATIN, GUICHARD FAIT LE DESSIN D'UN CHEVAL.
N'OUBLIE PAS ! C'EST UN CHEVAL FANTASTIQUE. FIDÈLE, FORT, INTELLIGENT, BEAU !
VITE ! LE SOLEIL VA BIENTÔT ARRIVER.
CATACLOP
CATACLOP
OOOOOHHH !
DING DONG ! DING DONG !
VOILÀ TON CHEVAL COULEUR BAI, GUICHARD !
MAIS QUI VA MONTER SUR BAYARD ?
TOI !
PLUTÔT TOI !
NON TOI !
APPELONS-LE BAYARD !
VIVE BAYARD !

MAIS C'EST MAGIQUE !
REGARDEZ ! IL EST MAINTENANT ASSEZ GRAND POUR VOUS QUATRE !
HUE, CHEVAL !
DEPUIS CE JOUR, BAYARD VA ET VIENT, ICI ET LÀ, AVEC LES QUATRE FRÈRES. ET QUAND IL ARRIVE, LES BANDITS S'ENFUIENT.
AHAHAH
AHAHAHAH
HIIIII
AU CHÂTEAU, TOUT LE MONDE EST JOYEUX. ET LES GENS VIENNENT ÉCOUTER LES HISTOIRES DES QUATRE FRÈRES SUR LEUR CHEVAL.
ET APRÈS ?
TOUT À COUP, ON PEUT VOIR UN TRÈS, TRÈS GRAND...
BIENTÔT, LES BANDITS PRÉFÈRENT ALLER DANS LES MONTAGNES.
ÇA SUFFIT MAINTENANT. ON NE VEUT PLUS VOUS VOIR DANS LA RÉGION !
OUI, D'ACCORD, CHEF ! ON VA PARTIR.
À PARIS ET MÊME À AIX-LA-CHAPELLE, ON RACONTE LES HISTOIRES DES QUATRE FRÈRES.
JE VOUDRAIS BIEN RENCONTRER CES GARÇONS !
UN JOUR, QUELQU'UN ARRIVE AU CHÂTEAU, À ALBI.
CHARLEMAGNE ATTEND LES QUATRE FRÈRES ET LEUR CHEVAL...
BAYARD ! LE CHEVAL S'APPELLE BAYARD !

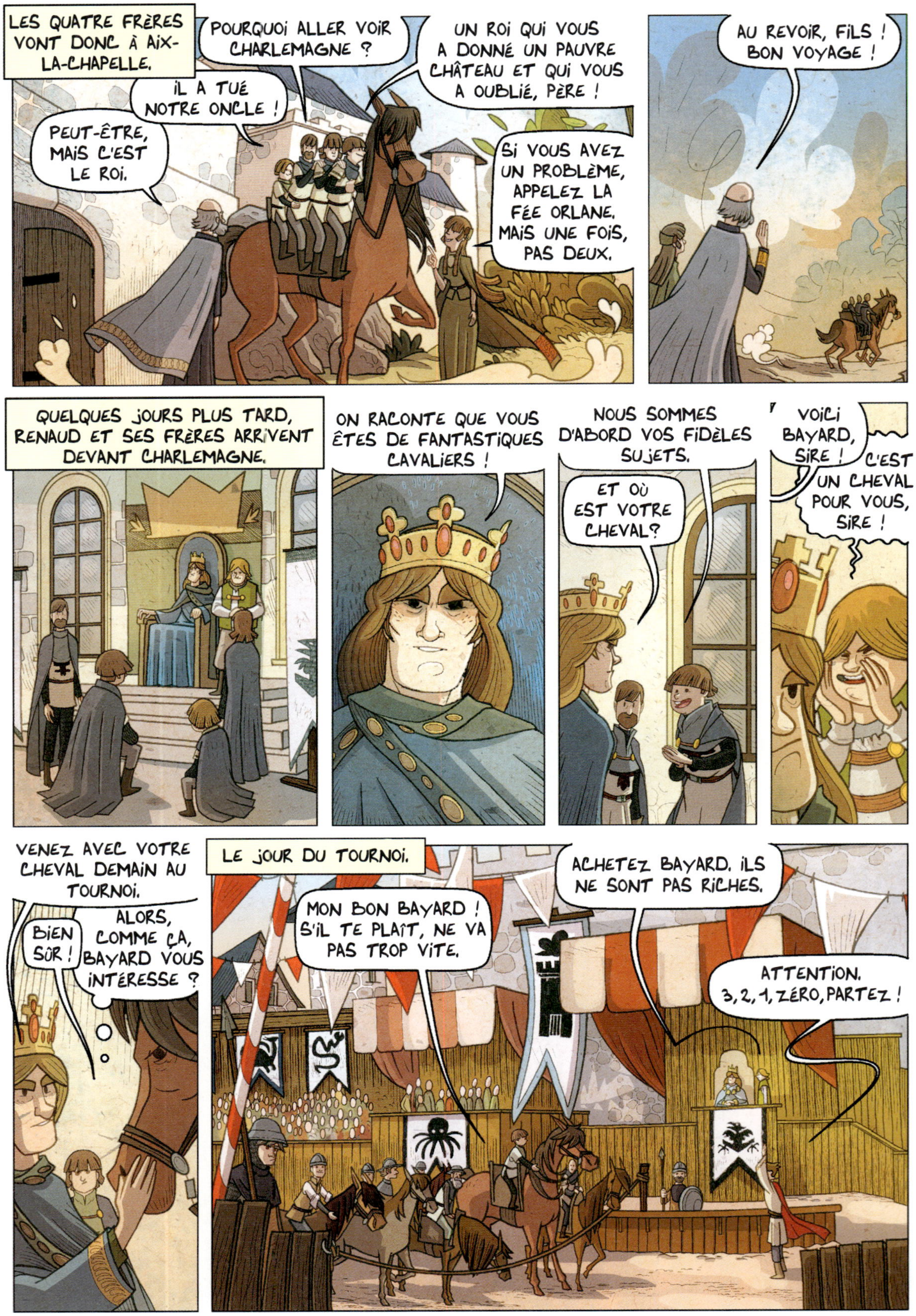

LES QUATRE FRÈRES VONT DONC À AIX-LA-CHAPELLE.
POURQUOI ALLER VOIR CHARLEMAGNE ?
UN ROI QUI VOUS A DONNÉ UN PAUVRE CHÂTEAU ET QUI VOUS A OUBLIÉ, PÈRE !
IL A TUÉ NOTRE ONCLE !
PEUT-ÊTRE, MAIS C'EST LE ROI.
SI VOUS AVEZ UN PROBLÈME, APPELEZ LA FÉE ORLANE. MAIS UNE FOIS, PAS DEUX.
AU REVOIR, FILS ! BON VOYAGE !
QUELQUES JOURS PLUS TARD, RENAUD ET SES FRÈRES ARRIVENT DEVANT CHARLEMAGNE.
ON RACONTE QUE VOUS ÊTES DE FANTASTIQUES CAVALIERS !
NOUS SOMMES D'ABORD VOS FIDÈLES SUJETS.
ET OÙ EST VOTRE CHEVAL ?
VOICI BAYARD, SIRE !
C'EST UN CHEVAL POUR VOUS, SIRE !
VENEZ AVEC VOTRE CHEVAL DEMAIN AU TOURNOI.
BIEN SÛR !
ALORS, COMME ÇA, BAYARD VOUS INTÉRESSE ?
LE JOUR DU TOURNOI.
MON BON BAYARD ! S'IL TE PLAÎT, NE VA PAS TROP VITE.
ACHETEZ BAYARD. ILS NE SONT PAS RICHES.
ATTENTION. 3, 2, 1, ZÉRO, PARTEZ !

BAYARD, NE TERMINE PAS LA COURSE À LA PREMIÈRE PLACE.
D'ACCORD, RENAUD !
BRAVO, BAYARD !
BRAVO, À TOI AUSSI, RENAUD !
CE CHEVAL N'EST PAS TRÈS AGRESSIF.
C'EST UNE RUSE, SIRE !
VOUS PENSEZ QUE ÇA VA MARCHER?
LE ROI VEUT FÉLICITER RENAUD ET SON CHEVAL.
NOTRE CHEVAL !
ET, NOUS ALORS ? ON COMPTE POUR DU BEURRE ?
SIRE, VOUS ÊTES AUJOURD'HUI CHEVALIER DU ROI !
MERCI POUR MOI, MAIS MES FRÈRES ?
NE BOUGEZ PAS !
D'ACCORD POUR VOS FRÈRES. MAIS J'AI MOI AUSSI QUELQUE CHOSE À DEMANDER.

SIRE ROI, BAYARD N'EST PAS À VENDRE !
MAIS...
INSOLENT !
SIRE, LE GAGNANT DU TOURNOI ATTEND !
APRÈS LE TOURNOI, C'EST LA FÊTE.
UNE PARTIE D'ÉCHECS, CHEVALIER RENAUD ?
C'EST BERTHOLLET, LE NEVEU PRÉFÉRÉ DE CHARLEMAGNE.
EST-CE QUE TU JOUES COMME TU MONTES À CHEVAL ?
IL FAIT CHAUD, NON ?
HIPS !
REGARDE ! VOILÀ MOI, COMMENT JE JOUE.
ALORS, À MOI ... ÉCHEC ET MAT !
C'EST DE LA TRICHE !
TRICHEUR, MOI ?
ARGLL
EN GARDE !

AHAHAHAH
AHAHAHAHAHA
OLÉ !
TU PEUX RIRE, MAIS AVEC MOI, TU NE PEUX PAS GAGNER !
AHAH
AH AH AHAH AH
VLAM
BLAF
VIENS ! IL FAUT PARTIR.
VITE, MONTEZ !
ARRÊTEZ !

HUE, BAYARD ! HUE !
ILS NE SONT PLUS LÀ !
CATACLOP CATACLOP
SSKRRRIIIISSS
AU SECOURS !
ATTENTION !
MALHEUR !
MON DIEU !
BAYAAAARRD ! ARRÊTE-TOI !
AAAAAAAA A AAAAA

!
SHHHHHHHHHHHHHHH
FÉE ORLANE!
C'EST FOU !
FANTASTIQUE !
COMMENT EST-CE QU'IL A FAIT ÇA?

MAIS LES SOLDATS SONT TOUJOURS LÀ, DERRIÈRE EUX !
FAIS QUELQUE CHOSE, BAYARD !
VITE !
MAIS, BAYARD !
QU'EST-CE QU'IL FAIT ?
IL PREND SON ÉLAN.
TENEZ BON !
ON VA TOMBER !
MAIS, NON !
PLUSIEURS HEURES PLUS TARD, QUELQUE PART DANS LES ARDENNES, À L'EST DE PARIS.
ALLONS EN FORÊT !
C'EST ICI QUE NOUS SOMMES NÉS!
ATTENTION !
QU'EST-CE QU'IL Y A BAYARD ?
IL Y A QUELQUE CHOSE ?
QU'EST-CE QUE C'EST ?

GROM GROM
TROP MIGNONS !
GROM
AHAHAH
CHUT ! LAISSONS PASSER MADAME, MONSIEUR ET LEURS PETITS !
AH, LA FAMILLE !
HOU HOU
HOU HOU
HOU HOU
QU'EST-CE QUE TU FAIS ?
J'AI ENVIE DE SORTIR DE CETTE FORÊT.
ÇA FAIT DU BIEN !
OUI, MAIS ON A RIEN À MANGER !
J'AI ENVIE D'UNE CRÊPE !
ET MOI D'UN SANGLIER !
QUELLE HONTE, RICHARDET !
SCRAAATCHHH BRAAOUM
PLIC PLIC PLIC PLIC PLIC PLIC PLIC
ENTREZ, ENTREZ ! VENEZ DANS MA MAISON !
QUI NOUS PARLE ?
MAIS...
J'HALLUCINE. OÙ EST L'ARBRE ?
MAINTENANT IL Y A UNE MAISON.
ET CETTE FOIS, CE N'EST PAS LA FÉE ORLANE.

VITE ! JE VAIS ÊTRE MOUILLÉ !
RENAUD, GUICHARD, ALLARD, RICHARDET !
JE SUIS MAUGIS, VOTRE COUSIN.
MAUGIS LE MAGICIEN ? ET DONC LE COUSIN DE LA FÉE ORLANE ?
ORLANE ET MOI, NOUS SOMMES TRÈS PROCHES.
LE LENDEMAIN MATIN, MAUGIS VA FAIRE UN TOUR AVEC LES QUATRE FRÈRES DANS LA FORÊT.
C'EST ENCORE LOIN ?
ET MOI, ILS NE ME DEMANDENT PAS COMMENT JE VAIS ?
QU'EST-CE QU'ON CHERCHE, EN FAIT ?
PATIENCE !
VOILÀ, L'ENDROIT IDÉAL !
IDÉAL ?
ILS SONT UN PEU LONGS À LA DÉTENTE...
BOUZIZARDES SINGULARIS
MAINTENANT, AU TRAVAIL !
QUELQUES HEURES PLUS TARD.
APRÈS LES MURS, VOUS POUVEZ NOUS AIDER POUR LE TOIT ?

PEU AVANT MIDI, MAUGIS, LE CHEVAL BAYARD ET LES QUATRE FRÈRES ONT CONSTRUIT LA FORTERESSE DE MONTESSOR, AU-DESSUS DE LA MEUSE.
LES QUATRE FRÈRES HABITENT LÀ, TRANQUILLES, PENDANT SEPT ANS.
MAIS, UN JOUR, LES SOLDATS DE CHARLEMAGNE TROUVENT MONTESSOR.
NOUS SOMMES PRIS AU PIÈGE.
COMMENT SORTIR ?
IL Y A TOUJOURS DES SOUTERRAINS DANS LES FORTERESSES.
UNE PORTE !
FERMÉE !
OÙ EST LA CLÉ ?
KRRRR
PRENDS CETTE ÉPÉE, RENAUD ! ELLE S'APPELLE FROBERGE ET NE MANQUE JAMAIS SA CIBLE ! BONNE CHANCE !

NOUS MARCHONS DANS CE SOUTERRAIN DEPUIS DES HEURES DÉJÀ.
SPLOTCH
SPLOTCH
IL MÈNE VRAIMENT QUELQUE PART ?
KSSSS
OUI, BIEN SÛR.
PAF
ENFIN !
MAIS OÙ SOMMES-NOUS ?
DANS NOTRE FORÊT !
ENCORE TOI ?
VENEZ VOIR !
NE RESTONS PAS LÀ !

RENAUD ET SES FRÈRES RETROUVENT LEUR FORÊT DES ARDENNES ET SE CACHENT.
ILS MANGENT DES FRUITS SAUVAGES...
CETTE NUIT, J'AI FAIT UN RÊVE.... UN REPAS AVEC CHARLEMAGNE.
JE N'APPELLE PAS ÇA UN RÊVE.
... ET VONT À LA CHASSE.
APRÈS TROIS ANNÉES DANS LA FORÊT...
J'EN AI MARRE DES FRUITS, DES ARBRES ET DE LA CHASSE. AH, MAUDIT CHARLEMAGNE !
OUI, ÇA SUFFIT ! ON Y VA !
OUI, ON RENTRE À LA MAISON.
OH, BRADAMANTE, C'EST L'HEURE, ENFIN...
AVEC BAYARD, ILS ARRIVENT TRÈS VITE À ALBI.
ENFIN !
QUELLE JOIE !
PÈRE !
C'EST NOUS VOS FILS !
QU'EST-CE QU'IL SE PASSE ICI ?
PSSS ! PSS ! COUCOU, FRÈRES !

POURQUOI EST-CE QUE PERSONNE NE RÉPOND ?
CHARLEMAGNE A DEMANDÉ À PÈRE DE NE PAS VOUS AIDER.
PÈRE PRÉFÈRE LE ROI À SES FILS.
PRENEZ CET ARGENT, NE RESTEZ PAS LÀ ! PARTEZ !
MERCI, SOEUR !
AU REVOIR, MON FRÈRE !
VITE, LES SOLDATS !
LES QUATRE FRÈRES QUITTENT ALBI…
… ET VONT EN GASCOGNE OÙ LE BON ROI YVON AFFRONTE LE REDOUTABLE ÉMIR BEGES.
VOILÀ LES QUATRE FRÈRES CHEZ LE ROI YVON.
BONJOUR SIRE YVON ! ON PEUT VOUS AIDER !
QUI ÊTES-VOUS ?
NOUS SOMMES LES FRÈRES AYMON…
ET VOILÀ NOTRE CHEVAL BAYARD…
BAYARD, LE CHEVAL MAGIQUE QUE CHARLEMAGNE VEUT ?

AINSI COMMENCE UNE NOUVELLE BATAILLE POUR BAYARD ET LES QUATRE FRÈRES.
ALLEZ FROBERGE !
LÀ, RENAUD, DEVANT !
L'ÉPÉE FROBERGE DE RENAUD NE MANQUE JAMAIS SA CIBLE.
SPLÄRF
ET LE ROI YVON GAGNE.
MERCI À TOI, RENAUD. TU ES UN FANTASTIQUE CHEVALIER.
SANS MES FRÈRES ET SANS BAYARD, JE NE SUIS RIEN.
VOILÀ LES CLÉS DU CHÂTEAU DE MONTAUBAN. C'EST POUR TOI !
ET VOICI MA SOEUR CLAIRE, TA FEMME SI TU VEUX.
LE CHÂTEAU ET LA FEMME QUI VA AVEC ? PAS QUESTION! JE NE SUIS PAS UN OBJET !
ET QUELQUES MOIS PLUS TARD AU CHÂTEAU DE MONTAUBAN...
HUE, DADA !
FAIS DODO
UN JOUR, LE ROI YVON REND VISITE À LA PETITE FAMILLE ET APPORTE UNE NOUVELLE ÉTONNANTE.
CHARLEMAGNE ORGANISE UN TOURNOI. IL VA DONNER SA COURONNE AU VAINQUEUR.
VRAIMENT ? ET TOUTES LES PIERRES PRÉCIEUSES QUI VONT AVEC ?
ET UN MATIN...
TU PERDS LA BOULE, MON PAUVRE RENAUD !
T'INQUIÈTE, JE CONNAIS QUELQU'UN QUI VA M'AIDER.

PRÈS DE PARIS…
CATACLOP
CATACLOP
BONJOUR COUSIN MAUGIS.
MERCI D'ÊTRE ENCORE LÀ POUR NOUS.
BAYARD ET TOI, VOUS NE POUVEZ PAS RENTRER DANS PARIS COMME ÇA. CHARLEMAGNE VA VOUS FAIRE ARRÊTER !
TIENS, BOIS ÇA !
ET TOI, ÇA ! MAIS BIEN SÛR, C'EST TRÈS BON POUR TOI !
SANTÉ !
SHAZAM
MON PAUVRE BAYARD !
J'AI L'AIR VRAIMENT TRÈS JEUNE. UN VRAI BÉBÉ.
PEU APRÈS, À PARIS.
ET PETIT, ELLE EST OÙ, TA MÈRE ?
RETOURNE DANS LES JUPES DE TA MÈRE !
TU AS QUEL ÂGE ?
IL Y A UN ÂGE POUR FAIRE LA COURSE ?
INSCRIPTION

QUE FAIT CE PETIT ICI, AVEC NOUS ?
SILENCE ! TOUS DERRIÈRE LA LIGNE !
PRÊTS ? PARTEZ !
VAS-Y, MON BON BAYARD !
HUE !
EEEHHHHH
AAAAAHHH
HOURRAAAA
QU'EST-CE QUE CE PETIT A MANGÉ AU PETIT-DÉJEUNER? ET POURQUOI N'EST-IL PAS À L'ÉCOLE ?
VOILÀ, PETIT ! JE N'AI QU'UNE PAROLE. TU AS GAGNÉ MA COURONNE… MAIS ELLE EST PEUT-ÊTRE UN PEU LOURDE POUR TOI ?
PAS DU TOUT !
AHAHAAH ! RENTRONS À LA MAISON !
MINCE !
MAIS VOUS ÊTES…

RE....
PAF
VITE, BAYARD !
LE SOIR MÊME, RENAUD ARRIVE À MONTAUBAN.
QU'EST-CE QUE TU AS FAIT ?
UN TOUR À CHARLEMAGNE !
ET TU TROUVES ÇA DRÔLE ?
C'EST STUPIDE !
LE LENDEMAIN MATIN, LES TROUPES DE CHARLEMAGNE ARRIVENT AU CHÂTEAU.
ET TES FILS DANS TOUT ÇA ?
ALLONS-Y !
LES QUATRE FRÈRES AFFRONTENT LES SOLDATS DE CHARLEMAGNE.
MAIS ILS SONT QUATRE FACE À TOUTE UNE ARMÉE.
HEUREUSEMENT, IL Y A BAYARD...
BLARF
... ET L'ÉPÉE FROBERGE.
TENEZ ! PRENEZ ÇA !
SHLAK

CHARLEMAGNE A DEMANDÉ À SON NEVEU, LE VAILLANT ROLAND D'AIDER SES SOLDATS.
CONTRE ROLAND, IMPOSSIBLE DE GAGNER.
C'EST CE QUE NOUS ALLONS VOIR.
LA GUERRE EST VITE UN FACE À FACE, RENAUD CONTRE ROLAND.
MAIS RENAUD ET ROLAND SONT TOUS LES DEUX TRÈS FORTS ET PERSONNE NE GAGNE.
NON ! J'AI GAGNÉ !
RENDS-TOI, J'AI GAGNÉ !
LE SOIR, DANS LA COUR DU CHÂTEAU.
RENAUD, NOUS SOMMES FATIGUÉS.
NOUS EN AVONS MARRE DE FAIRE LA GUERRE.
FAISONS LA PAIX PLUTÔT !
LE LENDEMAIN MATIN.
ROLAND, ON PEUT DISCUTER UNE MINUTE ?
D'ACCORD ! MAIS SANS ARMES.
ROLAND VA PARLER AU ROI !
UN JOUR, ROLAND RETOURNE À MONTAUBAN.
ALORS, CHARLEMAGNE EST D'ACCORD POUR FAIRE LA PAIX ?
OUI, IL VEUT DISCUTER AVEC VOUS, À PARIS.
C'EST PEUT-ÊTRE UN PIÈGE.
MAIS ON PEUT COMPTER SUR ROLAND.
PAS SUR CHARLEMAGNE, IL AIME TROP LA GUERRE.
DÉSOLÉ, CHARLEMAGNE DOIT D'ABORD ARRÊTER LA GUERRE.

À MONTAUBAN, LES SOLDATS DE CHARLEMAGNE CONTINUENT LEURS ATTAQUES QUE LES FRÈRES REPOUSSENT AVEC COURAGE.
MAIS, UNE NUIT...
CHUT !
BANG
IIIIIIII
QUE SE PASSE-T-IL ?
IIIIII
IIIIII
LES SOLDATS ONT ENLEVÉ RICHARDET.
BAYARD ? QUOI, RICHARDET ?
OÙ EST MON FRÈRE?
TU NE PEUX PLUS RIEN POUR LUI. LE ROI A DONNÉ L'ORDRE DE LE PENDRE.
MAUGIS, AIDE-NOUS !

LE LENDEMAIN À PARIS.
MAUGIS LE MAGICIEN ? TOI ICI ?
EN PERSONNE !
QUAND VAS-TU ARRÊTER TA GUERRE CONTRE RENAUD ET SES FRÈRES ?
TU N'ES PAS LE PLUS FORT...
SI.... NON, BIEN SÛR, C'EST TOI MAUGIS !
PLUS TARD, À MONTAUBAN.
BANG BANG
QUI VA LÀ ?
VOTRE COUSIN MAUGIS, J'AI UN CADEAU POUR VOUS !
JE SUIS ALLÉ CHERCHER CET HOMME POUR VOUS.
CHARLEMAGNE
QU'AS TU FAIT DE NOTRE FRÈRE ?
RÉPONDS !
LAISSEZ-MOI LIBRE. NOUS ALLONS FAIRE LA PAIX, D'ACCORD ?
NOUS VOULONS RICHARDET D'ABORD.
UN JOUR PLUS TARD.
RICHARDET !
IL EST TEMPS POUR MOI AUSSI DE RENTRER. JE NE SUIS PLUS TRÈS JEUNE.
MERCI POUR TON AIDE, COUSIN !
MAIS LE LENDEMAIN, À L'AUBE.
REGARDE, LES SOLDATS DE CHARLEMAGNE SONT DEVANT LE CHÂTEAU.

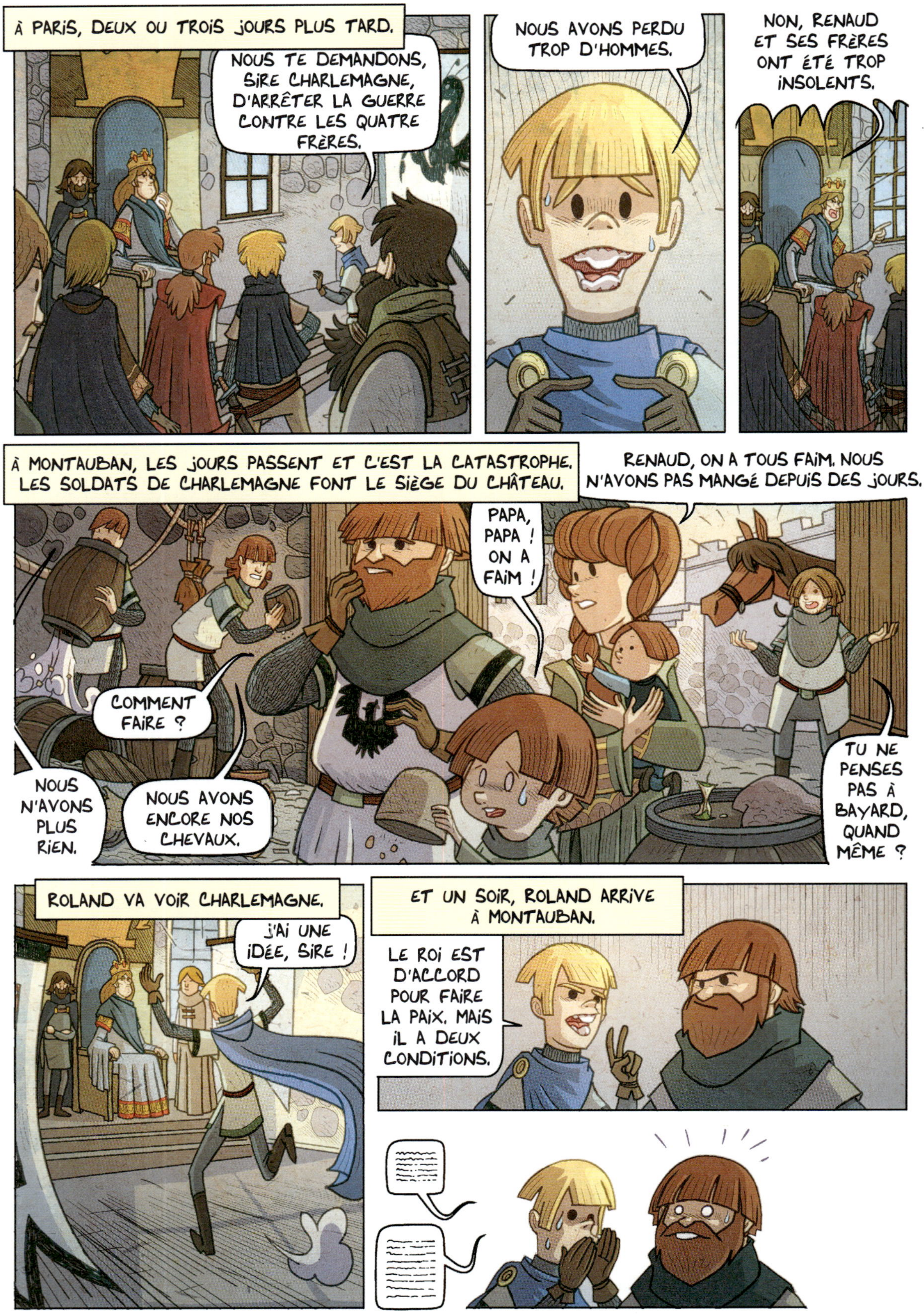
À PARIS, DEUX OU TROIS JOURS PLUS TARD.
NOUS TE DEMANDONS, SIRE CHARLEMAGNE, D'ARRÊTER LA GUERRE CONTRE LES QUATRE FRÈRES.
NOUS AVONS PERDU TROP D'HOMMES.
NON, RENAUD ET SES FRÈRES ONT ÉTÉ TROP INSOLENTS.
À MONTAUBAN, LES JOURS PASSENT ET C'EST LA CATASTROPHE. LES SOLDATS DE CHARLEMAGNE FONT LE SIÈGE DU CHÂTEAU.
RENAUD, ON A TOUS FAIM. NOUS N'AVONS PAS MANGÉ DEPUIS DES JOURS.
PAPA, PAPA ! ON A FAIM !
COMMENT FAIRE ?
NOUS N'AVONS PLUS RIEN.
NOUS AVONS ENCORE NOS CHEVAUX.
TU NE PENSES PAS À BAYARD, QUAND MÊME ?
ROLAND VA VOIR CHARLEMAGNE.
J'AI UNE IDÉE, SIRE !
ET UN SOIR, ROLAND ARRIVE À MONTAUBAN.
LE ROI EST D'ACCORD POUR FAIRE LA PAIX, MAIS IL A DEUX CONDITIONS.

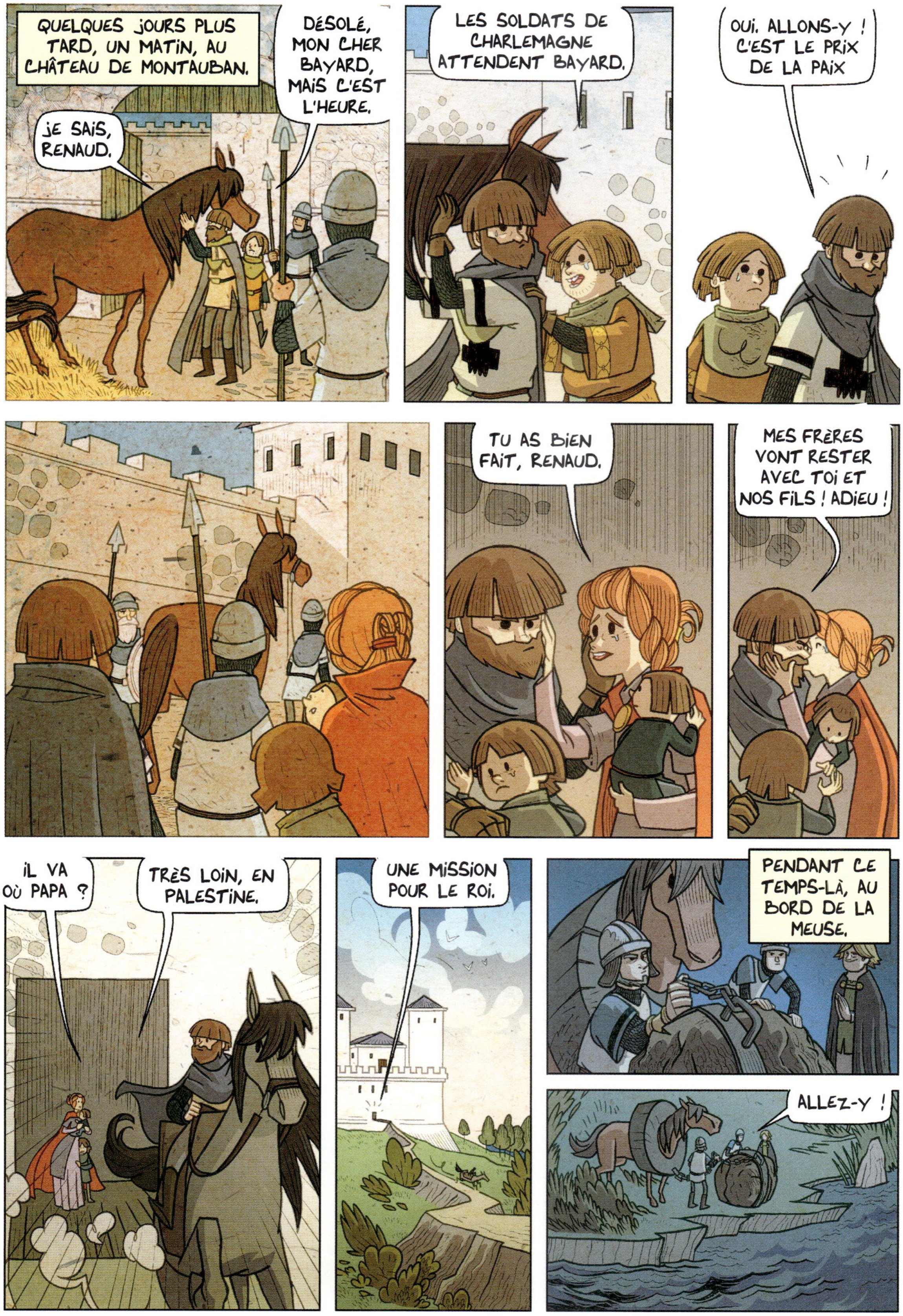
QUELQUES JOURS PLUS TARD, UN MATIN, AU CHÂTEAU DE MONTAUBAN.
DÉSOLÉ, MON CHER BAYARD, MAIS C'EST L'HEURE.
JE SAIS, RENAUD.
LES SOLDATS DE CHARLEMAGNE ATTENDENT BAYARD.
OUI. ALLONS-Y ! C'EST LE PRIX DE LA PAIX
TU AS BIEN FAIT, RENAUD.
MES FRÈRES VONT RESTER AVEC TOI ET NOS FILS ! ADIEU !
IL VA OÙ PAPA ?
TRÈS LOIN, EN PALESTINE.
UNE MISSION POUR LE ROI.
PENDANT CE TEMPS-LÀ, AU BORD DE LA MEUSE.
ALLEZ-Y !

SPLASH
PLOUF
COIN COIN !
BIEN PLUS TARD, DANS LA NUIT.
HIIIIIIIIIII
DEPUIS CE JOUR, BAYARD VIT DANS LA FORÊT. ON ENTEND PARFOIS LE CHEVAL. MAIS PERSONNE NE PEUT VOIR L'ANIMAL. IL ATTEND TOUJOURS LE RETOUR DES QUATRE FRÈRES AYMON.
DEPUIS, À MONTAUBAN ET PARTOUT OÙ BAYARD EST ALLÉ, TOUT LE MONDE AIME ÉCOUTER L'HISTOIRE DU CHEVAL MAGIQUE.

AVANT LA LECTURE

1 La couverture (Umschlag)

a) Regardez le dessin. Décrivez-le. b) Lisez le titre du livre. c) Faites des hypothèses sur l'histoire.

2 Dans le livre

Ouvrez le livre, tournez les pages. Que savez-vous déjà sur l'histoire?

PENDANT LA LECTURE

1 L'empire de Charlemagne

a) Cherchez dans le texte les différents endroits de l'histoire.
Vous devez trouver huit mots.

M	A	B	A	R	D	E	N	N	E	S
E	I	E	B	S	T	O	F	T	I	O
U	X	B	V	K	L	M	H	I	J	K
S	-	M	O	N	T	A	U	B	A	N
E	L	Y	N	W	M	J	E	U	N	E
E	A	Q	I	O	M	A	X	I	M	U
P	-	B	Y	K	P	A	R	I	S	C
G	C	G	A	S	A	S	C	O	G	N
A	H	M	I	I	X	C	V	B	N	A
S	A	R	D	O	R	D	O	G	N	E
P	P	X	T	L	A	P	J	H	A	P
O	E	S	A	B	A	L	B	I	M	Z
L	L	X	C	V	U	P	N	Q	X	L
N	L	M	O	N	T	E	S	S	O	R
E	E	I	I	U	O	H	L	S	T	L

b) A quelle phrase correspond chacun de ces endroits?

1. C'est la capitale de l'empire de Charlemagne: _ _ _ - _ _ - _ _ _ _ _ _ _ _ _
2. C'est aujourd'hui la capitale de la France: _ _ _ _ _
3. Ce n'est pas une mer, mais un fleuve (Fluss): la _ _ _ _ _
4. Renaud gagne le château de cette grande ville près de Toulouse: _ _ _ _ _ _ _ _ _ _
5. Bayard et les quatre frères habitent là pendant sept ans: _ _ _ _ _ _ _ _ _ _
6. Quand Bayard et les quatre frères quittent Paris, ils vont dans les ... _ _ _ _ _ _ _ _ _
7. Aymon est le duc de la ... _ _ _ _ _ _ _ _ _
8. C'est la ville d'Aymon: _ _ _ _

2 Qui est qui?

a) Retrouvez les personnages de la BD. Ecrivez les noms.

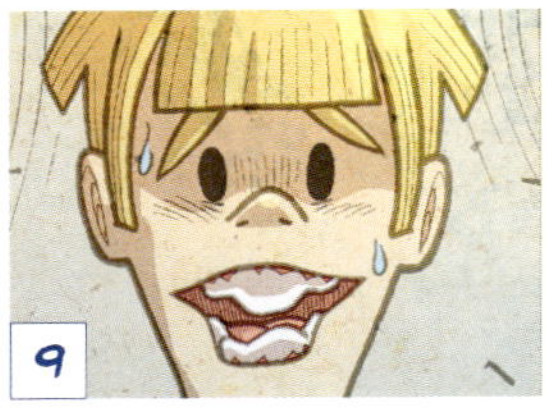

b) C'est qui? Ecrivez le numéro du personnage.

A	Il / Elle aide beaucoup les quatre frères Aymon. Il a un chapeau bizarre sur la tête.	
B	Il / Elle est le père de Renaud, Guichard, Richardet, et Allard.	
C	Il / Elle demande à son cousin Maugis d'aider Renaud et ses frères.	
D	Il / Elle habite surtout à Aix-la-Chapelle.	
E	Il / Elle affronte l'émir Beges.	
F	Il / Elle fait le dessin de Bayard.	
G	Il / Elle joue aux échecs avec Renaud, mais ça se passe mal.	
H	Il / Elle est très fort. Il va aider les soldats de son oncle contre les quatre frères.	
I	Il / Elle tue Berthollet.	
J	Il / Elle a changé la vie de Renaud et ses frères.	
K	Il / Elle est, avec un château, un cadeau pour Renaud. Mais c'est une personne!	
L	Il / Elle discute avec la fée Orlane parce que ses frères sont tristes.	
M	Il / Elle est dans son lit quand des soldats de Charlemagne arrivent et le prennent.	
N	C'est un objet. Cet objet aide beaucoup Renaud.	

3 Remettez les images dans l'ordre de l'histoire et trouvez un titre pour chaque dessin.

4 Les mots de Charlemagne

1. Le bruit du cheval dans une BD.
2. Pour ouvrir une porte, on utilise cet objet.
3. C'est un soldat à cheval.
4. Ils prennent les affaires des autres.
5. C'est le titre d'Aymon.
6. Il fait la guerre pour Charlemagne.
7. Charlemagne donne ce titre à Renaud.
8. Le contraire de la guerre.
9. C'est comme un match.
10. C'est la maison d'Yvon.
11. Renaud va en Palestine pour ça.
12. On appelle ce chef «sire».

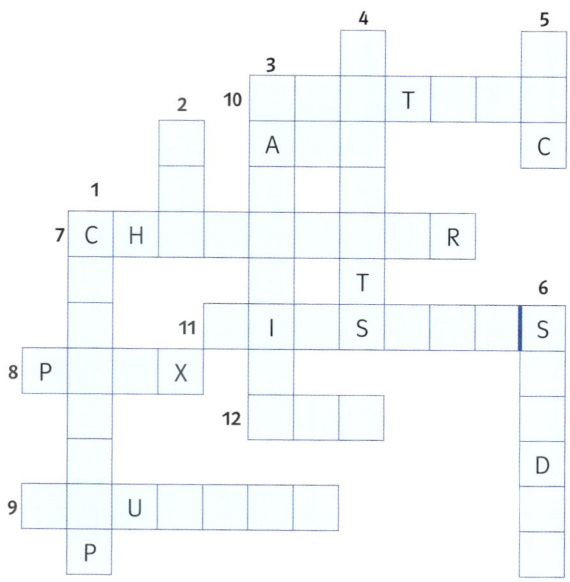

APRÈS LA LECTURE

1 A votre avis, que devient Bradamante? Imaginez son histoire.

2 Ecrivez une légende avec les mots suivants:
fille – fée – échecs – forêt – cousin – fidèle – cavalier

3 Un débat dans la classe. Quel est le secret d'une bonne légende?

4 Choisissez une scène de l'histoire et jouez-la en classe.

VOCABULAIRE

PAGE 3
un château Schloß
un roi König
Aix-la-Chapelle Aachen
Charlemagne Karl der Große
un duc Herzog
un fils, une fille Sohn / Tochter
voyager reisen
vivre leben
sans ohne
épée Schwert
guerre Krieg
pauvre arm

PAGE 4
un magicien Zauberer
un dessin Zeichnung
fidèle treu
fort(e) stark
beau, belle schön
bientôt bald
bai(e) [rot]braun
monter steigen
plutôt eher

PAGE 5
s'enfuir fliehen
tout le monde alle, jeder
joyeux(-se) fröhlich

PAGE 6
assez genug
aller voir qn jdn. besuchen gehen
tuer töten
une fois einmal
Bon voyage! Gute Reise!
quelques ein paar
un cavalier Reiter
un sujet Untertan
zéro null

PAGE 7
terminer enden
une course Rennen
une ruse List
marcher *(hier)* klappen
féliciter gratulieren
compter pour du beurre nicht zählen
un chevalier Ritter

PAGE 8
un insolent(e) freche Person
un gagnant(e) Gewinner
une partie d'échecs Schachspiel
un neveu Neffe
échec et mat schachmatt
la triche Schummeln
un tricheur(-se) Schummler

PAGE 9
rire lachen
il faut partir wir müssen gehen
Arrêtez! Halt!

PAGE 10
Mon dieu! Mein Gott!

PAGE 12
prendre son élan Schwung holen
quelque part irgendwo
la forêt Wald
être né(e) geboren sein

PAGE 13
sortir de qc aus etw. gehen
ne … rien nichts
un sanglier Wildschwein
Quelle honte! Was für eine Schande!

PAGE 14
mouillé(e) nass
être proche nah stehen
faire un tour spazierengehen
la patience Geduld
un endroit Ort
être long(-ue) à la détente *(fam)* Zeit brauchen bis man etwas versteht
un mur Mauer
un toit Dach

PAGE 15
construire bauen
une forteresse Burg
au-dessus über
tranquille ruhig
être pris(e) au piège in der Falle sitzen
manquer sa cible fehlgehen

PAGE 16
marcher laufen
mener führen
vraiment wirklich

PAGE 17
retrouver qc *(hier)* wieder irgendwo sein
se cacher sich verstecken
un fruit sauvage Wildfrucht
faire un rêve einen Traum haben
un repas Mahlzeit
la chasse Jagd
un arbre Baum
maudit(e) verdammt
Quelle joie! was für eine Freude!
Qu'est-ce qu'il se passe ici? Was ist hier los?